OSTEREIER
mit Pflanzen
FÄRBEN
und verzieren

Irmgard Bott
Else Henkel
Gerd Kanke
Anita Meier-Kanke
Gerda Mielke

Frech-Verlag Stuttgart

*„Was muß aber die Ursach seyn,
daß man sich eben sowol mit den Ayrn
delectiert, ein gantzes Jahr geschicht
den Ayern nit so vil Ehr
als eben jetzt zur Oesterlichen Zeit,
man verguldets, man versilberts, man belegts
mit schonen Flecklen und macht allerhand
Figuren darauff, man marmelirts,
man mahlts auch und ziehrts
mit schönen erhebten Farben,
man kratzets auß, man machet
etwann ein Oster-Lämblein,
ein Pelican, so seine Junge mit
aignen Blut speiset,
oder die Urständ Christi,
oder was anders darauff, man siedts,
man färbts grün, roth, gelb, goldfarb usw.
Man machts auch schön gesprangt,
und man verehrt es hernach ein guter
Freund dem andern. Ja man tragts heut in
grosser Menge in die Kirch zu der Weych,
und seynd ihrer gar vil, welche heunt vor
allen anderen Speisen ein lind
gesottenes Ayr essen oder ausstrincken."*

Pfarrer Andreas Strobl 1710 in seinem
„geistlichen Discurs auf den H. Ostertag"
bei Gerd Grein, Sammlung zur Volkskunde
in Hessen Nr. 19 „Das Hessische Osterbuch"

Das ungefärbte Ei, frühes Sinnbild für die Entstehung der Erde, hat im Leben der Völker eine große Rolle gespielt als Schutz- und Abwehrzeichen beim Haus- und Brückenbau, bei Blitz- und Feuergefahr. Der Bauer legte es zur Erlangung größerer Fruchtbarkeit in die Ackerfurche.
Als Sinnbild für das Leben aber wurde das Ei zur Stärkung seiner Symbolkraft stets gefärbt.
So wird das Neujahrsfest in Persien als „Fest des Roten Eies" gefeiert, zur Geburt eines Sohnes schenkte man in China rote Eier, und die Germanen weihten rote Eier ihrem Gott Thor oder Donar. Christlicher Glaube sieht im rot- und goldgefärbten Ei das Zeichen für die Erlösung durch Christi Blut und die Auferstehung vom Tode. Schon im Mittelalter erhielten Könige und Fürsten kostbar verfertigte Goldeier, schenkten Paten und Patenkinder, Lehrer, Schüler und Freunde einander gefärbte Eier. Die Lebenskraft des Eies wurde aber nicht nur gestärkt durch das Färben mit bedeutungsvollen und heilsamen Pflanzen, sondern auch noch durch mannigfache Verzierung gesteigert. So verehrte das Mädchen seinem Freund eine Anzahl schön gefärbter und verzierter Ostereier als Liebesgabe.

Das Verstecken und Suchen der gefärbten und verzierten Ostereier in der erwachenden Natur soll uns – heute besonders eindrücklich angesichts des sterbenden Waldes – die Botschaft vermitteln, daß etwas Schönes unter den vielen Aspekten natürlicher Zusammenhänge verborgen liegt, wenn wir es nur finden und bewahren können.

Die Bedeutung der Färbekräuter

Das Erwachen der lebendigen Natur im Frühling ist uns bis heute Sinnbild für die Lebenshoffnung über den Tod hinaus. Davon leben die Frühlingsfeste aller Religionen, auch das christliche Osterfest als Feier des Auferstehungsglaubens. Veilchen und Himmelsschlüssel, zu den ersten Frühjahrskräutern zählend, sind in Farbe, Heilwirkung und bitterem Geschmack die innere Verbindung zum Heilsweg durch Leid zum Licht:
Veilchentuch für den Altar und Primelkissen für Christi Haupt. Wir bereiten aus den ersten grünen Pflanzen, getreu der alttestamentlichen Anweisung, das Osterlamm mit bitteren Kräutern zu, essen am Gründonnerstag die grüne Soße zur Kräftigung unserer Gesundheit. Wir werden durch ihre Farben an die helle Sonne auf blauem Himmelsgrund, an das Licht Gottes, erinnert und färben mit ihnen im Frühjahr die frischen Hühnereier als Unterpfand solcher Hoffnung.
Die frühen Kräuter übertragen alle den schönen Gelbton, der das Gold der Ostersonne vertritt, auf das weiße Ei. Mit den kräftigeren roten, grünen und blauen Farben können wir erst im weiteren Jahresverlauf färben. Die rot- und grünfärbenden Kräuter wie Labkraut und Wermut gehören in den Kräuterwisch, wie ihn die katholische Liturgie zum Fest Mariä Himmelfahrt am 15. August zu heilsamem Gebrauch segnet. Die blauen Beerenfarben reifen erst im Herbst im Angesicht der Ewigkeit.
Umgang mit färbenden Pflanzen und Ostereiern bringt Harmonie der Farben, Heilung und Tröstung im Kern zusammen, um „den Tod aus den Nestern zu fegen."

Bild rechts: Mit Pflanzenfarben bemaltes Gänseei von Irmgard Bott.

Das Ei

Aus der Vielfalt der Vogeleier in ihrer natürlichen Färbung und Zeichnung, wie sie das Foto zeigt, sind neben Gänse-, Enten-, Wachtel-, Tauben- und Kiebitzeiern für die menschliche Ernährung Hühnereier wichtig geworden.

Wir zeigen aus der Sammlung von Renate Schulz in 1/3 ihrer natürlichen Größe Eier von Möven (3), die z.B. in Schleswig-Holstein während einer gesetzlich genau festgelegten Zeit gesammelt werden, sowie unbefruchtete Eier aus Volieren und Zuchtanstalten von:

1. Gans	2. Perlhuhn
3. Möve	4. Stockente
5. Hausente	6. Fasan
7. Pfau	8. Zwerghuhn
9. Huhn	10. Wachtel
11. Rebhuhn	12. Pute
13. Taube	

Als Ostereier wurden meist Hühner- und Gänseeier gefärbt, verziert und zur österlichen Weihe in die Kirche gebracht, wo als Zeichen für den auferstandenen Gottessohn oft ein Straußenei vom Gewölbe herabhing.

Die moderne Hühnerhaltung in Käfigen hat zu geschädigten Eiern mit mißgebildeten Schalen geführt, wie sie das Foto rechts erkennen läßt. Im vergleichenden Anschauen der Bilder (Käfigeier – Eier freilebender Vögel – im Hinblick auf das österliche Heilsgeschehen mit Pflanzen gefärbte Ostereier) wird man unmittelbar erkennen, daß ein menschlicherer Umgang mit unseren Mitgeschöpfen für unser eigenes Innenleben besser wäre. Deshalb sollten wir versuchen, für das Färben mit Pflanzen Eier freilaufender Hühner zu erhalten.

Foto: Renate Schulz, Mörel

Gefärbte Eier von
freilaufenden Hühnern

Eier von Hühnern in Legebatterien ▶

Das Hühnerei

Physikalisch stellt die Eischale eine Meisterleistung der Natur auf dem Gebiet der Statik dar:
Sie hält als selbsttragende, poröse Ovalkugel-Konstruktion eine sehr viel größere, instabile Masse zusammen.
Die Schale eines Eies von 50 g wiegt nur 6 g.

Chemisch gesehen besteht die Schale aus 89–97% Calciumcarbonat. In die restlichen Prozente teilen sich Magnesiumphosphat und einige organische Stoffe, die den Kalk durchsetzen.
Chlorhaltige Schädlingsbekämpfungsmittel verändern die Beschaffenheit der Eischale.
Dünne oder erhabene Stellen behindern das Verzieren und lassen das Ei leicht zerbrechen.
Antibiotika und andere Medikamente, die bei der Massentierhaltung nötig werden, können symbolisch gesehen das Ei kaum noch als Lebens- und Fruchtbarkeitszeichen wirken lassen.
Auf den Sinn des christlichen Erlösungs- und Auferstehungsglaubens kann man sicher nur hinweisen, wenn es gelingt, wieder mehr freilaufende Hühner zu halten und deren Eier mit Pflanzenfarben zu verzieren.

Färbekräuter historisch und ökologisch

Schon vor etwa 15000 Jahren haben Menschen Kunstwerke mit Farben geschaffen. Höhlenmalereien und Felsbilder in Rötel, Ocker und Kohle zeugen heute noch vom Umgang mit solchen erdigen Farbpigmenten. Sie gehören zu den anorganischen Stoffen, lösen sich nicht in Flüssigkeiten, sondern können nur in Bindemitteln aufgeschwemmt oder eingebrannt werden. In Schweden hat man als Grabbeigabe auch ein Ton-Ei gefunden, das zwischen gelber Farbtönung erhöhte Pflanzenornamente zeigt.
Die Löslichkeit der färbenden Pflanzensäfte und die Vergänglichkeit der mit ihnen gefärbten Gegenstände, Holz, Leder oder Haut und Gewebe, hat diese organischen Stoffe nicht dauern lassen. Trotzdem hat man nachweisen können, daß schon vor 4000 Jahren im Nildelta mit Indigo lichtecht blaugefärbt und um 1000 v. Chr. in Phönizien mit dem Saft der Purpurschnecken rot gefärbt wurde.
Im Grabhügel von Oseberg in Schweden aus dem 9. Jh. fand man Reste des blaufärbenden Waids und der roten Krappwurzel. Wahrscheinlich gehören auch die Labkräuter, Wau, die Rinde des wilden Apfelbaumes, Ahorn- und Birkenlaub, Ochsenzunge und viele Flechtenarten, auch Pilze, zu den frühen Färbekräutern. Die rotfärbende Kermesschildlaus, als tierischer Farbstoff schon im antiken Griechenland bekannt, wurde im 9./10. Jh. vom roten Brasilholz verdrängt, dessen Handhabung über Arabien nach Deutschland kam, wie auch die Färbekenntnisse über Saflor, die Färberdistel, und den spanischen Safran. Im 16./17. Jh. kam dann das Rotfärben mit den auf Opuntien lebenden mexikanischen Cochenilleläusen hinzu.
Der Handel mit den Färbe- und Beizstoffen war so bedeutend, daß der Anbau z. B. von Krapp als wesentliche Ursache für die Hungersnot 1317 in Flandern gelten muß.
1478 verbot der Rat der Stadt Köln einigen Färbern, die nicht am „Blaubach“ wohnten, Waid- und Krapplauge auf die Straße oder in einen Graben am Heumarkt zu schütten! Umweltprobleme eines längst vergangenen Jahrhunderts! Waid, Isatis Tinctoria, wurde schon im 15. Jh. trotz vieler Verbote dieser „Teufelsfarbe“ vom ergiebigeren asiatischen Indigo bedrängt. Im 19. Jh. brachte die aufkommende Farbchemie den Blaudruck und die gesamte Handwerkskunst des Färbens vollständig zum Erliegen.

Im Brauchtum des Ostereierfärbens konnte sich noch bis etwa vor einer Generation neben dem Färben mit Zwiebelschalen das Blauholz halten, weil auch die schwarzen Trachtenröcke noch mit den „Spänen“ gefärbt wurden. Heute muß sich das Färben der Ostereier mit den „historischen“ Färbepflanzen an neuen Gesichtspunkten ausrichten. Die Waidbereitung über Gären, Reduzieren, Färben in der Küpe und Blauen an der Luft ist zu umständlich. Lichtecht blaue Eier können deshalb nur im hellblauen Bereich gezeigt werden. Die Purpurschneckenfarbe wäre nicht vertretbar. Ebenso muß man beim Verbrauch vieler einheimischer Pflanzen einen ökologisch gangbaren Weg suchen.
Die Überlebenschancen der Färbepflanzen und unseren kreativen Umgang mit ihnen können wir stärken, wenn wir sie im Garten anbauen oder dort, wo sich unnötiger Asphalt befindet.
Als Vorbereitung zu diesem Ziel können Überlegungen zur ökologischen Gestal-

tung von Kirchgärten verwirklicht werden. Wenn die historische Bedeutung der Kirchhöfe als Grablege verloren gegangen ist und aus dem einstmals bedeutungsvollen Zusammenspiel von Pflanzen, Bäumen, Mauern, Grabsteinen und Kirchenschiff, das die Toten geleitete, artenarme Anlagen und Parkflächen geworden sind, könnte mit der ökologischen Gestaltung der Dorfmitte begonnen werden. Hier gäbe es die Möglichkeit, Färbepflanzen wie die Färberröte, in biblischer Zeit in den Olivenhainen Israels angepflanzt und im Mittelalter Bestandteil der Klostergärten, und den gelbfärbenden Wau anzusiedeln und dem öffentlichen Gebrauch zu überlassen.

Viele Färbekräuter sind auch Duft-, Bienen- und Schmetterlingspflanzen und stellen zugleich symbolische Bezüge zum Heilsgeschehen in Christus her, wie Altar- und Wandbilder der Kirchen uns zeigen. So wächst im wiederangelegten

Linke Seite:
(von oben nach unten)
Schachtelhalm
Krapp
Johanniskraut

Rechte Seite:
(von oben nach unten)
Blauholz
Kamille
Walnuß

Kirchgarten der verlassenen Kirche in Bellnhausen-Gladenbach, die 1979/80 vom Förderkreis Alte Kirchen renoviert wurde, wieder die Färberkamille, mit der die lichtgelben Ostereier zu vielfältigem Verzieren gefärbt werden können.

Zur Technik des Färbens

Außer den bei den einzelnen Kräutern und anderen Farbgebern gemachten Angaben ist einiges Grundsätzliche vorauszuschicken:
Der Farbsud von frischen oder getrockneten Kräutern wird in einem alten Topf bereitet. Zarte Kräuter können mit heißem Wasser so übergossen werden, wie Sie es vom Teeaufguß her kennen. Härtere Pflanzenteile wie Rinden, Holz, welke Blätter oder Fruchthüllen, setzt man besser kalt an. Man läßt sie sogar 1–2 Stunden im kalten Wasser weichen, bevor man mit dem Erhitzen beginnt. Um eine gleichmäßige Färbung der Eier zu erreichen, gibt man den fertigen Sud durch ein Sieb.
Währenddessen kocht man die sorgfältig ausgesuchten, von Verdickungen oder dünnen Stellen freien, gewaschenen Eier in klarem Wasser hart. Erst dann werden sie so lange in den heißen, nicht kochenden Sud gelegt, bis der gewünschte Farbton erreicht ist. Die teilweise langen Färbezeiten beeinträchtigen den Geschmack der Eier nicht.
Natürlich kann man auch Wasser, Eier und Färbekraut – etwa bei Zwiebelschalen – gleich zusammen aufsetzen. Das Färben geht dann schneller, aber man erhält jeweils nur einen Farbton.
Wer volle Ostereier sammelt und aufhebt, wird feststellen, daß sie im Lauf der Zeit leichter werden, weil, bedingt durch die poröse Schale, das Innere zur harten Kugel einschrumpft. In alten Brauchtumslandschaften in Hessen, z. B. in Mardorf, werden solche Eier seit 100 Jahren aufbewahrt. Die größte Gefahr liegt darin, daß der steinhart gewordene Ei-Inhalt bei unvorsichtigem Anfassen die Schale von innen zertrümmert.

Das Färben ausgeblasener Eier

Eier für den Osterstrauß müssen selbstverständlich ausgeblasen werden. Am leichtesten geschieht das so: Saubere Eier mit gleichmäßiger Schale werden oben und unten mit einer Nadel angestochen. An diesen beiden kleinen Löchern setzt man einen kleinen Kreuzschlitz-Schraubenzieher an. Durch leichtes Hin- und Herdrehen werden die beiden Löcher gerade soviel erweitert, daß man das rohe Innere des Eies herausblasen kann, nachdem man mit einer langen Nadel ein wenig umgerührt hat. Zum Ausblasen läßt sich sehr gut eine neue Klistierspritze verwenden, deren Spitze u. U. mit einem scharfen Messer oder mit einer Rasierklinge gerade geschnitten wurde.
Die Eier werden außen gesäubert, aber innen nicht gespült; denn ein verbliebener Eiweißrest soll die Stabilität der Schale erhöhen.
Dann werden die Eier gefärbt. Bei stark färbendem Sud genügt es, wenn das leere Ei, das nun auf der Farbe schwimmt, mit einem Löffel so lange mit dem Sud begossen wird, bis die gewünschte Färbung erreicht ist.
Bei langen Färbezeiten muß das Ei in der Farbe liegen. Hierzu füllt man es mit Wasser oder Farbe wie folgt: Man saugt die Flüssigkeit mit dem Mund in das Ei oder

setzt die zusamengepreßte Klistierspritze an ein Loch im Ei an und hält das andere Ende mit dem Loch in das Wasser oder in die Farbe. Durch langsames Loslassen des Gummiballons füllt sich das Ei mit Flüssigkeit, so daß es in der Farbe absinkt. Die gleiche Wirkung tritt ein, wenn man das Ei halb in die Farbbrühe hält und mit Hilfe einer (Apotheker-) Spritze mit der Farbbrühe anfüllt.
Auf diese Weise kann man auch für ausgeblasene Eier die satten Farbtöne des Heißfärbens erreichen. Allerdings sind alle angeführten Methoden etwas umständlich und gelingen nicht immer gut. Selbst das Unterwasserdrücken mit einer Drahtschlinge, deren Enden in die beiden Löcher fassen, funktioniert nicht zuverlässig. Am schnellsten und einfachsten ist es, die ausgeblasenen Eier mit einem kleineren Kochtopfdeckel im Färbetopf unter der Flüssigkeitsoberfläche zu halten. Einziger Nachteil: kleinere Kratzer in der Farbschicht sind kaum zu vermeiden!
Zahlreiche Farbschattierungen und Zwischenstufen ergeben sich durch ausschließliches Kaltfärben. Dabei werden die gesäuberten Eier in den erkalteten Farbtee oder kalten Beerensaft gelegt. Will man Ostereier zum Essen kaltfärben, müssen sie natürlich vorher gekocht werden. Durch unterschiedlich bemessene Färbezeiten können natürlich auch hierbei verschiedene Farbwerte erreicht werden. Die Farben bleiben jedoch insgesamt gegenüber dem Heißfärben matter. Kaltgefärbte Eier können auch nach dem Färben noch ausgeblasen werden. Schöne Farbunterschiede ergeben sich bei allen Färbearten dadurch, daß weiße und braune Eier im gleichen Sud gefärbt werden.
Sie werden feststellen, daß die Färbeergebnisse unterschiedlich ausfallen. Sie sind abhängig von der Eierschale, den Färbekräutern, die ja einen verschiedenen Farbstoffgehalt aufweisen können, und der Kochzeit und fallen jedesmal anders aus, womöglich sogar anders als auf unseren Fotos. In jedem Fall werden Sie ein schön gefärbtes Osterei erhalten.
Nach Erreichen des gewünschten Färbegrades leert man die Eier, läßt sie sorgfältig trocknen und versieht sie mit einer Aufhängevorrichtung, indem man ein Fädchen (Nähgarn oder Stickgarn) der passenden Farbe um ein Drittel eines Streichholzes knotet und dann mit einer Nadel erst durch das untere, dann durch das obere Loch eines Eies zieht. Das Streichholz liegt dann quer im Ei.
Man kann auch gleich das untere Loch größer als das obere machen und knotet dann einen Stickgarnfaden mehrmals, so daß er noch durch das untere größere Loch, aber nicht mehr durch das obere kleinere Loch paßt, und verknotet dann nochmals den Faden außerhalb des Eies, damit der Faden nicht in das Ei zurückrutscht. Will man die Ostereier liegend aufbewahren, kann man die Löcher mit einem Tropfen heißem Bienenwachs verschließen.
Anschließend werden die Ostereier verziert oder man läßt einfach nur die verschiedenen Naturfarben zur Geltung kommen.

Von Gelb bis Braun

Ein reines Gelb erhält man am leichtesten und sichersten mit Kamillenblüten (ungeeignet sind Teebeutel) aus dem Kräuterteegeschäft, dem Reformhaus oder der Apotheke, wo man übrigens die meisten der erwähnten Färbekräuter und Holzspäne erhält, will oder kann man sie nicht selbst im eigenen Garten oder unterwegs sammeln.

Man nimmt ca. 5 EL Kamilleblüten auf 1 l Wasser; die Färbestücke variieren mehr oder weniger nach Dunkel- oder Hellgelb.
Am leuchtendsten wird das Gelb mit der Färberkamille, die leider kaum zu kaufen ist, sondern im Garten angepflanzt werden müßte. Mit der Färberkamille läßt sich auch durch Überfärben eines braunen Eies ein wundervoller Goldton erreichen. Kamille färbt stärker mit zunehmender Färbezeit, erreicht aber etwa nach 15 Minuten ihre größte Farbtiefe.

Sehr schöne Gelbtöne erreicht man mit grünem, nicht gerösteten Mate-Tee – hier bei 1, 5, 10, 15, 30 und 60 Minuten Färbezeit – wenn man heiß färbt. Färbt man dagegen in dem zuvor gekochten und dann erkalteten Tee, erhält man diesen warmen Grünton. Man nimmt 4 EL (25 g) Mate-Tee auf 1 l Wasser und kocht den Sud vor dem Färben 10 Minuten.

Johanniskraut färbt als Blüte graubeige, im Kraut gelbbeige, das sich an der Luft sehr schnell zu beige ändert. Setzt man eine Handvoll Kraut mit 1/2 l kaltem Wasser und 1/2 Teelöffel Alaun an und kocht 1/2 Stunde, so werden weiße Eier im Sud sofort stark gelb. Schon beim Herausnehmen wird man merken, daß die gelbe Farbe an den Fingern hängen bleibt und beim Abspülen der Eier einiges verloren geht. Trotzdem hält sich insgesamt der starke Gelbton. Alaun läßt die Eischale samtartig oder pudrig erscheinen. Auch wird die Oberfläche der Eier durch Anfassen leicht fleckig.
Legt man in die Alaun-Johanniskrautfarbbrühe eine Eisenschraube hinzu, färben sich die Eier mit einem starken Grüngelb. Im gelbbraunen Farbbereich kann am leichtesten und vielfältigsten gefärbt werden. Viele Heilkräuter, die sich gegen leichte Erkrankungen im Teeschrank finden, färben gelb bis braun.
Schachtelhalmfärbungen neigen zu Gelbgrün: man nimmt dazu eine Handvoll Kraut auf 1 l Wasser.

Odermennigkraut in gleicher Menge zeigt ein eher rötliches Gelb. Mit der Gelbwurzel Kurkuma, die als Gewürz im Handel zu haben ist, lassen sich mehr orange-gelbe Töne erzielen: 1 Teelöffel in 1/4 l kaltem Wasser verrührt, färbt die über Nacht eingelegten Eier kräftig an.

Johanniskraut

Schachtelhalm ▶

Man kann auch mit Zwiebelschale, dem wohl bekanntesten natürlichen Färbemittel – einen schönen Gelbton färben, indem man das vorher hart gekochte Ei kurz in den Zwiebelsud eintaucht. Die Goldeier, die im Osten Europas die Kirchen schmücken und besonders in Rußland geliebt werden, sind das Ergebnis solcher Färbekunst.

Foto: Elisabeth Hauck

Allerdings nimmt die Eierschale die Farbstoffe sehr schnell auf, und leuchtende Brauntöne entstehen je nach Länge der Färbezeit. Man nimmt etwa eine gute Handvoll Zwiebelschalen auf 1 l Wasser.

Mit starkem Zwiebelsud längere Zeit gekochte Eier eignen sich hervorragend zum späteren Verzieren durch Kratzen.
Hier haben wir 1, 5, 10, 15 und 30 Minuten gefärbt.
Zwiebelschale eignet sich auch für Mischfärbungen, z.B. mit Krapp und Holundersaft.

Helle Zwischentöne (Gelb bis Braun) ergeben sich zum Beispiel mit Ringelblumenblüten. Vier Handvoll getrocknete Ringelblumenblüten werden mit 1 l Wasser angesetzt. Die Länge der Kochzeit beeinflußt die Färbung kaum. Auch frische Blüten färben.

Das Kraut der Wermutpflanze ergibt schöne, eher stumpfe Brauntöne. Hier von rechts nach links: 1, 5, 15 und 30 Minuten gefärbte Eier mit 50 g getrocknetem Wermutkraut auf 1 l Wasser. Bei frischem Kraut nimmt man entsprechend mehr. Der bittere Geschmack des Krautes durchdringt die Eierschale dabei nicht.

Wie gefallen Ihnen die goldenen Farbtöne aus den Herbstblättern des Ahorns? Links sehen Sie ein braunes, rechts ein weißes Ei, 10 Minuten in einem Sud aus 1 bis 2 Handvoll roten und gelben Ahornblättern auf 1 l Wasser gefärbt. Auch frische Blätter färben gelb.

Möchte man gern im Frühjahr einen Vorrat an gefärbten Eiern zum Bemalen zur Hand haben, kann man hübsche helle Farbtöne mit dem bunten Herbstlaub färben.
Es färben z. B. die Blätter von:
Birke, Haselnuß, Johannisbeere, Pflaume, Apfelbaum, Weide, Holunder, Essigbaum, Brombeere und Esche.

Unterschiedliche Farben – bis hin zum Grün – entstehen beim Färben mit Birkenblättern (2 Handvoll welke Blätter auf 1 l Wasser). Rechts ist je ein weißes und ein braunes Ei 15 Minuten gefärbt. Das mittlere Ei lag über Nacht in der Farbbrühe und wurde vermutlich durch die Struktur der Eierschale so hübsch marmoriert; die beiden linken Eier sind 3 Stunden gefärbt, wobei den Untergrund ganz links ein braunes, daneben ein weißes Ei bildete.

Zarte Abstufungen erhält man mit Holunderblättern. Von rechts unten bis mittlere Reihe Mitte entstand eine Farbreihe auf weißen Eiern, von rechts oben bis mittlere Reihe Mitte färbten wir auf braunen Eiern. Die Abstufungen ergaben sich durch die verschiedenen Färbezeiten von bis zu 60 Minuten bei 2 Handvoll Holunderblättern auf 1 l Wasser.

Versetzt man den beschriebenen Holunderblättersud mit einem gehäuften Eßlöffel Soda (in Apotheken erhältlich), erhält man unauffällige Tönungen (unten auf weißen, oben auf braunen Eiern).

Setzt man dem Holunderblättersud zehn Eßlöffel Essig zu, nimmt die Eierschale die Farbstoffe besser an und man erhält links auf braunen, rechts auf weißen Eiern diese Abstufungen bei Färbezeiten zwischen einer und 60 Minuten.

Alle diese zuletzt genannten zarten Farbtöne eignen sich besonders als Grundfärbung für Eier, die später noch bemalt werden sollen. Die ausgeführten Blüten und Blätter sind beinahe in jedem Garten oder auf Spaziergängen zu sammeln.

Was beim Färben geschieht

Eine stoffliche Verbindung ist dann farbig, wenn sie aus dem Spektrum des weißen Lichtes, das durch sie hindurchscheint oder von ihr reflektiert wird, die Strahlen einer oder mehrerer Wellenlängen verschluckt, absorbiert. Dies ist nur dann möglich, wenn die Energie des absorbierten Lichtes, repräsentiert durch seine Wellenlänge bzw. Frequenz, also einer Schwingung pro Sekunde, mit dem energetischen Abstand zweier Elektronenzustände im Ion des Stoffes übereinstimmt. Dann findet ein Elektronenübergang statt, eine Farbe erscheint in der besonderen jeweiligen Struktur des Stoffes.

Um mit einem farbigen Stoff nun färben, also die Farbe auf einen anderen Körper übertragen zu können, muß entweder seine Aufschwemmung zur Malfarbe in einem Bindelmittel möglich sein – man spricht dann von Farbpigmenten – oder seine Löslichkeit in Wasser gegeben sein. Trotzdem übertragen sich nicht alle flüssigen Farbstoffe leicht auf den neuen Gegenstand. Manche Gelbstoffe ziehen zwar leicht auf, sind aber wieder schnell in Licht und Wasser flüchtig. Einige Farbstoffe brauchen zur Verankerung auf anderen Stoffen oder Körpern einen Verbindungsstoff, der sich einerseits mit ihnen und andererseits mit dem zu färbenden Stoff gleichermaßen gut verbindet. Diese Rolle spielen die Beizmittel, meist Metallsalze, die besonders zum Färben von Zellulose wie Baumwolle nötig sind. Die eiweißhaltigen Woll- und Seidenfasern verbinden sich leichter sowohl mit sauren als auch mit basischen Farbstoffen, weil ihr Molekülaufbau an einem Ende eine saure Carboxylgruppe, am andern Ende eine basische Aminogruppe aufweist.

Zwischen ihnen und den Farbstoffen entstehen Verbindungen, die sich aufgrund gegensätzlicher elektrischer Ladung dauerhaft anziehen. In Wasser gelöste Mineralsalze lagern sich in Form ihrer Ionen ebenso an die Farbstoffe wie an die Faser an und ermöglichen dann aufgrund ihrer elektrischen gegenseitigen Anziehung beständige Farbverbindungen. Deshalb bedient man sich auch beim Wollefärben gern solcher Beizen, da sie das Aufziehen der Farbe auf die Faser erleichtern, den Farbton vertiefen und ein Abwandeln des Farbtons bewirken können.

Bei der Eischale, die überwiegend aus festem Calziumkarbonat besteht, lagern sich die Farbstoffmoleküle kaum aufgrund elektrischer Ladung an. Vielmehr sorgt die Porenstruktur dafür, daß sie in den winzigen Hohlräumen liegen bleiben, oft auch durch sie in das Innere dringen, wobei die Verbindung mit den wenigen organischen Substanzen in der Schale zur Haftung beitragen mag. Metallsalzlösungen und Säuren scheinen dagegen die Schale anzugreifen und die Farbtiefe zu verringern.

Will man sich aus den wasserlöslichen Farbstoffen eine Malfarbe für das Osterei zum Verstreichen mit dem Pinsel bereiten, wie das die Brief-, Karten- und Buchmaler vergangener Zeiten gekonnt haben, so sind die Beizen zum Erreichen verschiedener Farbstufen wieder sehr hilfreich.

Besonders schöne Farbabstufungen und tiefe, volle Brauntöne ergibt die Walnuß. Hier färben die Blätter, die Rinde und die äußeren grünen Schalen, die es auch in Apotheken zu kaufen gibt. Wir haben wieder Probefärbungen von einer bis zu 60 Minuten vorgenommen und zwar beim oberen Bild auf weißen und beim unteren auf braunen Eiern (man nimmt 10 g – 1 EL auf 1 l Wasser). Länger gekochte Eier im Walnußsud eignen sich gut für die Kratztechnik. Ein schöner Kontrast läßt sich auch bei der Reserve-Technik und Wachs-Batik in einer starken Farbbrühe erreichen.

Grün

Am schwierigsten sind Grüntöne herzustellen. Spinat liefert zwar eine grüne Farbbrühe, die Farbe aber zieht nicht gut auf die Eierschale auf.

Mit Ysop und Weinraute, die man im Garten als Gewürz anpflanzen oder getrocknet kaufen kann, erhält man einen grünli-

chen Braunton bei jeweils einer Handvoll frischem Kraut auf 1 l Wasser und Färbezeiten von 1, 5, 10, 15, 30 und 60 Minuten.

Ebenso kann man mit einer Mischung aus mehreren Händen voll Efeu und der stark chlorophyllhaltigen Brennessel einen hell- bis olivgrünen Farbton erreichen. Der Sud sollte vor dem Färben einige Zeit kochen.

Am schönsten färbt jedoch Mate-Tee, den wir schon bei den Gelbtönen erwähnt haben. Durch Zufall entdeckten wir, daß die Brühe heiß zwar gelb, erkaltet jedoch grün färbt. Für Grüntöne läßt man also die Eier entsprechend lange im erkalteten Tee ziehen, den man mit 4 EL auf 1 l Wasser angesetzt hatte.
Ein ganz helles Grün ergibt sich schon, wenn die Eier in den mit kaltem Wasser übergossenen Tee gelegt werden, bevor er erhitzt wird.
Mate-Tee ist ein schönes Beispiel dafür, daß man durch Probieren immer neue Ergebnisse erhalten kann.

Rot

Rot, Rosa, Rotbraun sowie viele Zwischentöne gelingen am einfachsten mit Krapp. Die Krappwurzel oder Wurzel der Färberröte, wie die Pflanze auch heißt, verhält sich beim Färben ähnlich wie beim Wollefärben, woher sie manchem schon bekannt ist. Die Pflanze gehört zu den Labkräutern und wächst auch gut im Garten.

Das Bild oben zeigt die Farbreihe von einer bis 60 Minuten auf braunen Eiern (oben) und auf weißen Eiern (unten),

Setzt man einer Krappfarbbrühe drei Eßlöffel Alaun zu, erhält man diese lebhaften Rottöne (links auf weißen, rechts auf braunen Eiern, jeweils 15 bzw. 30 Minuten gefärbt). Sie entstehen dadurch, daß das Erdsalz zwar die Eierschale angreift, d.h. aufrauht, sie samtartig und pudrig erscheinen läßt, die Brauntöne der Krappwurzel aber zurücknimmt.

sowie dazwischen die trockene Pflanze und ein Stück der angeschnittenen Wurzel. Man erkennt den roten Farbstoff.

Krapp eignet sich auch zum Mischen mit anderen Farben, zum Beispiel mit Zwiebelschalen, Walnuß oder Kamille. Einige dieser Mischfärbungen sehen Sie rechts oben.

Diese beiden Eier entstanden in einem Krapp- und Zwiebelschalensud.

Man erhält ihre Wurzel aber auch in Stücke geschnitten oder gemahlen in Apotheken als Radix Rubiae tinctorum. Krapp wird sparsam verwendet, da es sehr ergiebig ist. Man nimmt etwa drei Eßlöffel Wurzeln und weicht sie in 1 l Wasser ein. Möchte man Rosatöne haben, so darf die Brühe beim Färben nicht kochen. Kocht man aber den Sud, so setzen sich bräunlich färbende Substanzen frei.

Rotfärben mit Cochenille

Cochenille ist keine Pflanzenfarbe und bildet hier eine Ausnahme. Aber mit Cochenille bietet sich eine weitere Möglichkeit, rot zu färben.

Die Farbbrühe wird hergestellt, indem man 2,5 g getrocknete Cochenille-Läuse (aus der Apotheke) zerreibt oder im Mörser zerstößt und mit 1 l Wasser einen Sud kocht.

Die Cochenille-Läuse werden in Mexiko auf Agaven gezüchtet und zum Beispiel für natürliche Kosmetikfarben wegen ihrer guten Verträglichkeit verwendet.

Die Spirale zeigt von innen her Cochenille auf weißen Eiern, mit Blauholz vermischt und Cochenille auf braunen Eiern, jeweils von einer bis 60 Minuten gefärbt.

Der Farbton auf weißen Eiern ist eher ein Pink, auf braunen Eiern ein schönes gedämpftes Rot (Bild rechts).
Hier sieht man oben Cochenille-Färbungen auf weißen, links auf braunen Eiern und rechts eine Mischung mit Blauholz.
Eine schöne Mischung, die ins Lila spielt, erreicht man, wenn man Cochenille mit Blauholz mischt.

Recht hübsche, zarte Rottöne erhält man mit Rotholz, den Holzspänen eines tropischen Baumes (Caesalpina Brasilensis). Auf dem Bild S. 27 sind weiße und braune Eier damit gefärbt. Die Färbedauer beeinflußt die Farbtiefe kaum, eher schon die Eierschale.

Rotholz läßt sich auch gut mit Krapp mischen, und man erhält diese Farbtöne. Alle Eier sind jeweils 10 Minuten gefärbt.

Wir zeigen die Krappwurzel und Rotholzspäne.

Zu Abb. S. 27
Mit der übrig gebliebenen Farbbrühe läßt sich nach der alten Rezeptur aus dem 15. Jh. mit Alaun eine schöne rosa Malfarbe herstellen, mit der die Initiale ausgeführt ist.
(siehe rechts)

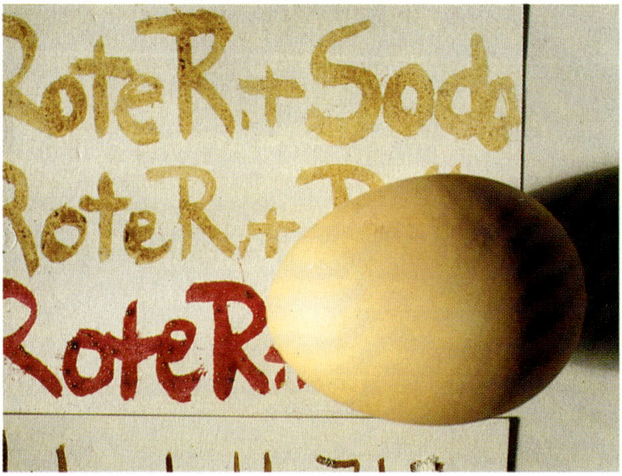

Keinesfalls rot färbt dagegen Rote-Rüben-Saft – hier ein Ei, das zwei Stunden im Saft gekocht ist – der immer wieder als rotfärbend bezeichnet wird. Die Farbe zieht auf Eierschalen nur schwer auf.

Dafür ergibt sich eine herrlich rote Malfarbe, setzt man dem eingekochten Sud Alaun zu.

achher nimm mit Glasgeschabtes Rotholz,
weiche es in Lauge auf, dann lasse es mit
ein wenig Steinalaun kochen, aber nur ein
wenig, bis es eine schöne Purpurfarbe hat
Nimm es vom Feuer weg, damit es nicht ver-
derbe, und dann verteile es mit dem
Pinsel auf deine Arbeit.
Nürnberger Kunstbuch 15. Jh.
Initial mit Rotholz gemalt von Irmgard Bott; zitiert nach E.E. Ploss, Ein Buch
von alten Farben, Heinz Moos Verlag München 1977

Die Herstellung von Malfarben aus den nicht mehr benötigten Farbbrühen

Mit diesen in geringen Mengen ungiftigen Beizen (S. 29 unten) lassen sich nach dem Eierfärben aus dem restlichen Farbtee, der noch immer genügend Farbstoffe enthält, unterschiedliche Farbtöne erreichen. Sie umfassen z. B. bei Krapp die Rotstufe vom hellen Rosa über Rotbraun zu Grüngelb, dem Ergebnis einer mit Pottasche versetzten Krapp-Walnußmischung. Sie eignen sich als lichtechte und wischfeste Malfarben zum Verzieren der Ostereier mit feinen Mustern. Dazu ist es nötig, je ½ l Farbtee einzukochen, bis etwa ein Likörglas voll Flüssigkeit übrigbleibt. Erst dann werden die verschiedenen Beizen messerspitzenweise den jeweiligen Teilmengen zugefügt. Dabei zeigt sich, daß die zuckerhaltigen Beerenfarben sirupartig kleben und das bemalte Ei lange trocknen muß. Die Zubereitungen aus Rotholz dagegen werden pulvrig und leicht verwischbar.

Die Harmonie solcher Pflanzenfarben vermutet E. E. Ploss in seinem „Buch von Alten Farben" in der Verwendung von Beizen, die der gesamten Palette einen gemeinsamen Schimmer verleihe ähnlich dem atmosphärischen Grau, das die impressionistischen Maler ihren Bildern mitzuteilen wußten. Da aber auch die ungebeizten Farben, die in diesem einfachen Zustand leicht auf die Eischale aufziehen, diese harmonische, zueinander passende Wirkung zeigen, liegt die Ursache wohl eher darin, daß die Farbstoffe sich noch weitgehend im natürlichen Verbund mit anderen Pflanzeninhaltsstoffen befinden, wodurch eine allen eigene Trübung, ein gemeinsamer Schimmer, zustandekommt. Goethe betont in seiner Farbenlehre besonders diesen Umstand: „Bei Naturprodukten erscheinen die Farben mehr oder weniger modifiziert, spezifiziert, ja individualisiert, welches bei Steinen und Pflanzen, bei den Federn der Vögel und den Haaren der Tiere wohl zu beobachten ist."

Die befürchtete Licht- und Luftunechtheit erwies sich für das Ostereimalen als nicht so groß. Erst nach etwa 4 Wochen begannen die Gelb-, Grün- und Blautöne leicht ins Bräunliche umzuschlagen, mit Ausnahme der grünen Malfarbe, die unter Zusatz von Pottasche oder Soda aus Matetee zubereitet war. Sicherlich lassen sich hier noch viele Erfahrungen sammeln, wenn man einige der mit eigenen Pflanzenfarben verzierten Ostereier nicht aufißt, sondern längere Zeit aufbewahrt.

Pottasche, Kaliumkarbonat, K_2CO_3 verstärkt gelbe Farben, macht andere rötlicher

Soda, Natriumkarbonat, Na_2CO_3 löst Fette, erweicht

Essig, Äthansäure, CH_3COOH und Wasser hellt alle Farben auf

Alaun, Kaliumaluminiumsulfat, $KAL(SO_4)_2 \cdot 12H_2O$ KAL wirkt auf fast alle Pflanzen in unterschiedlicher Weise

Das Färben von Blautönen

Die vielleicht bekannteste Art, Blautöne zu färben, ist wohl die mit Blauholz oder Campecheholz (Lignum Campechianum), den Spänen wiederum eines Tropenbaumes (in Apotheken). Es färbt sehr intensiv und sparsam und man erreicht tiefe Farbstufen von Lila bis Schwarz, vgl. S. 37. Diese dunklen Eier sind deshalb auch wieder gut geeignet für die Verziertechniken Kratzen, Wachs-Batiken und die Reserve-Technik.

Wir haben diese Eier mit 3 Eßlöffel Blauholz auf 1 l Wasser von einer bis 60 Minuten gefärbt, die hellen Eier sind nur kurz in die Farbbrühe getaucht. Nimmt man mehr Blauholz, werden die Farben entsprechend dunkler.

Eine Reihe von Möglichkeiten, annähernde Blautöne zu färben, geben wir hier wieder.

Stockrosen und Malven ergeben alle einen schönen Grau-Blauton in verschiedenen Abstufungen von einer bis 60 Minuten Färbezeit. Man nimmt 10 g = 3 EL auf 1 l Wasser. Wirft man eine Handvoll Stockrosenblüten in kaltes Wasser, erhält man nach einigen Minuten hell- bis dunkelblaue Eier.
Walnußschalen: 10 g = 1 EL auf 1 l Wasser.

Hier haben wir mit der Baummalve (Lavatera arborea, in Apotheken erhältlich) in Abstufungen gefärbt.

Blauholz ist nicht lichtecht und hält den Blaulilaton nur einige Tage, ist daher gut geeignet für Ostereier, die bald gegessen werden sollen. Will man sie zum Verzieren aufheben, wird man nach einiger Zeit mit einem hübschen Braunton überrascht.

Schön sind auch Mischfärbungen von Blauholz mit Zwiebelschalen oder

Mit Holunderbeersaft lassen sich auch beim Färben im kalten Saft schon sehr schöne Farbstufen erreichen. Setzt man einige Eisenspäne oder Eisenschrauben zu, vertieft sich der Blauton.
Im heißen Holunderbeersaft nehmen die Eier, besonders braune Eier, nach etwa einer Stunde eine tiefe blauschwarze Farbe an, deren Blauton sich ebenfalls mit etwas Eisen, einem Nagel oder dergleichen, verstärken läßt.

Cochenille. Man gießt am Schluß einfach die Farbbrühen zusammen und läßt sich vom Farbergebnis überraschen. Natürlich kann man auch gleich eine entsprechende Mischung ansetzen.

Beim Eierfärben sammeln sich in der Küche meist sehr schnell viele Töpfe mit den Farbteerresten an. Einiges wird zur Bereitung der Malfarben gebraucht, aber mit den übrigen Suden kann nun probiert und in Farbklängen gespielt werden.

Holundersaft und Zwiebelschalen zum Beispiel in unterschiedlichen Mengen zusammengeschüttet, färben feinste Stufenfolgen von Grau-, Blau- und Brauntönen (Bild oben, links).

Interessante Ergebnisse brachte der Sud von getrockneten Heidelbeeren. Von rechts oben im Uhrzeigersinn: 1 Minute, 2 Stunden, 10 Minuten auf braunem Ei, 10 Minuten auf weißem Ei.

Auch mit den frischen blauen und roten Beeren im Sommer und Herbst kann gefärbt werden. Dazu füllt man etwa 1 l Wasser mit Heidelbeeren, schwarzen Johannisbeeren, Holunderbeeren oder Schlehen dicht auf, kocht eine Stunde aus und seiht den Beerensaft ab.

Einfacher und schneller geht es natürlich mit dem entsprechenden ungesüßten Muttersaft aus dem Reformhaus.

Die beiden hellen Eier sind eine halbe Stunde in Schlehensaft gekocht und dann sofort abgespült worden, wobei die farbige Gelierschicht sich wegwusch. An dem dunklen Ei, das eine halbe Stunde im heißen Saft gelegen hatte und danach nicht abgespült wurde, trocknete die entstandene Gelierschicht fleckig an.

Schwarzer Johannisbeersaft hat unter der weggespülten Gelierschicht aparte Töne gefärbt. Hier auf weißem und braunem Ei je 10 Minuten und jeweils über Nacht.

Reines, tiefes Blau kann man mit einfachem Färbetee nicht erreichen. Dazu ist die Zubereitung einer Küpe mit Gärvorgang nötig, wie man sie aus Waid (Isatis tinctoria) zum Beispiel für den Blaudruck hergestellt hat und noch heute aus dem asiatischen Indigo bereitet. Dabei zieht der Farbstoff in seiner nicht färbenden Vorstufe auf den zu färbenden Gegenstand auf. Die Farbe erscheint erst wieder beim Trocknen, dem sogenannten Blauen, an der Luft.

Ostereier können jedoch auch auf einfachere Weise indigoblau gefärbt werden, wenn man sich auf hellblau beschränkt. Es gibt unter den käuflichen pflanzlichen Malfarben – gebräuchlich in Waldorfschulen z. B. – ein aus dem alten Waid, der europäischen Indigopflanze, hergestelltes Blau, das sich mit dem Pinsel vermalen läßt. Allerdings erreicht man dabei keine regelmäßige dunkle Schicht. Wir haben deshalb versucht, einen Teelöffel der zähflüssigen Malfarbe mit ¼ l kaltem Wasser nach und nach zu einer Farbbrühe zu verrühren. Es muß sehr lang und gründlich gerührt werden, bis sich alles gut verbindet. Dann hat man eine Farbe, die eingelegte weiße Eier (roh, gekocht oder ausgeblasen) sehr schnell und gut hellblau färbt und sich wochenlang frisch hält.
Indigopulver ist zwar teuer, aber auch sparsam im Gebrauch. Im Umgang färbt es die Hände sofort gründlich ein. Nimmt man dann ein weißes Ei in die Hand, kann man das Pulver gut in die Poren der Eischale einreiben. Mit einem in Alkohol getauchten Lappen läßt es sich dann noch sehr fein verteilen, so daß ein dunklerer Farbton erreichbar ist. War das Ei vorher schon in Kamille gelb gefärbt, ergeben sich auf diese Weise blaugrüne Farbtöne.

Reserve-Technik

Wenn an Ostern die ersten grünen Frühlingskräutchen erscheinen, kann man sie pflücken, auf ein weißes Ei legen und mit einem Nylonstrumpf, den man am offenen Ende zubindet, befestigen. Jetzt legt man das Ei in einen vorbereiteten Zwiebelschalensud (mindestens eine Handvoll Zwiebelschalen in einem halben Liter Wasser auskochen, abseihen) und kocht es zehn Minuten hart. Beim Auspacken wird sichtbar, daß sich die Schale unter dem Kräutchen ganz zart gelb, das restliche Ei dagegen dunkelbraun gefärbt hat. Der Gelbton rührt anscheinend daher, daß die gelbfärbenden Substanzen flüssiger oder beweglicher sind als die braunfärbenden und unter die Blättchen gelangen können, oder aber das Kräutchen den zarten Gelbton liefert.

Man kann diese Technik auch farblich variieren, indem man Eier in Walnußschalen-, Blauholz- oder Krappsud hart kocht.

Wachs-Batik

Die Wachs-Batik, so wie sie seit vielen Jahrzehnten ausgeübt wird, ist sicherlich die schwierigste Verziertechnik. Aber auch einfachere Versuche führen zu hübschen Ergebnissen.

Mit einer Stahlfeder wird eine Mischung aus erhitztem Bienenwachs und Paraffin auf ein rohes weißes Ei aufgetragen. Im Amöneburger Becken bei Marburg werden traditionell die Eier „geschrieben", d. h. teils mit einem Spruch, teils mit dazu passenden Symbolen verziert. Das Wachs erkaltet schnell und man muß die Feder nach ein bis zwei Strichen wieder eintauchen.

Fast genauso schwierig ist das Färben. Der Farbsud, es eignet sich Blauholz, Krapp, Walnuß und Zwiebelschale, muß heiß sein und so konzentriert, daß er sofort färbt, da das Wachs sich ja bald löst. Wenn es flüssig wird, muß das Ei sofort aus der Farbe genommen werden, da sonst die abgedeckten Muster auch Farbe annähmen und dann alle Mühe vergeblich gewesen wäre.

Reserve-Technik:
Erna Messik, Kirchhain

Wachs-Batik-Eier:
Auguste Mann, Mardorf

„Schon seit Jahrhunderten pflegt unsre Sippe, die Fraun und Mädchen eine feine Kunst; das Osterei mit Wachs und Farbe zu verzieren. Uralte Zeichen, SONNENRAD und RAUM DES LEBENS, die ZICKZACKLINIE, die des Mannes Wesen gleichet, wobei der WELLENLINIE sanfter Schwung uns mehr die feine Art der Frauen zeiget. Dies alles schmücket heut' noch unsre bunten Eier, DES FELDES BLUMEN und des HIMMELS STERNE, das KREUZ DES GLAUBENS und DER HOFFNUNG ANKER, das HERZ, der Liebe Sinnbild, sie geben immer wieder neue Muster, das Osterei kunstfertig darzubieten. Auch schöne SPRÜCHE werden draufgeschrieben, sie reden von der Liebe, von der Freundschaft, sie geben Segenswünsche und manch' guten Rat."

Heinrich Horst, Roßdorf

Hessische Blauholzeier

Eine alte Färbetechnik aus dem Raum Biedenkopf-Wallau im hessischen Hinterland.
Mit Blauholz färbten die Frauen in früheren Jahren die Röcke der heimischen Trachten tiefschwarz.
Irgendwann muß wohl mit dem Holz experimentiert und festgestellt worden sein, daß durch Auflegen von Blauholz wunderschöne Muster auf Eiern entstehen können. Nun färbte man die Ostereier in dieser Technik. Leider ist dieses Brauchtum mehr und mehr in Vergessenheit geraten, denn die „bunten" Eier stechen wohl mehr ins Auge.

Das Färben der hessischen Blauholzeier ist ziemlich einfach. Es läßt sich bei geringem Zeitaufwand, den wir ja gerne für eine Besonderheit aufwenden wollen, schnell erlernen.

Benötigt werden:
Blauholz (Lignum Campechianum raspatun); als Variante dazu Zwiebelschale, Krapp oder Walnußschale; Papier zum Einwickeln, und zwar einfaches, saugfähiges Seidenpapier, am besten das Papier, das die Bäcker zum Einwickeln ihrer Brote verwenden, denn das ist vollkommen neutral. Früher nahm man Zeitungspapier; vermutlich irgendwelche Zusätze zum Druck oder aber zum Papier machen das Blauholz nicht mehr so färbewillig; Wollfaden.

Sollten Ihre Ostereier auf Anhieb nicht so aussehen wie die abgebildeten, lassen Sie sich nicht entmutigen, denn das Gefühl für Menge und Verteilung der Farbzutaten bekommt man erst nach wiederholten Färbungen. Auf jeden Fall werden Sie schon nach dem ersten Versuch feststellen, daß die so gefärbten Ostereier in Muster und Farbe eine Besonderheit darstellen.

Hessische Blauholzeier:
Else Henkel, Sassmannshausen

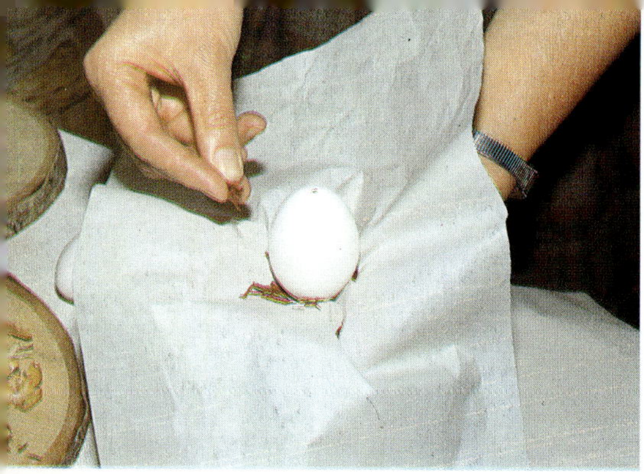

Und nun zur Technik:
Das saubere, rohe Ei auf ein Stück Papier in die flache Hand legen und etwas Blauholz drumherum streuen. Das Papier ans Ei drücken und gut festhalten.

Eine sehr schöne Variante ist es, wenn man ein schön geformtes, frisches Blättchen (z. B. Kerbel, wilde Möhre, Winterling o. ä., was man zur Osterzeit schon findet) beim Einpacken mit auf das Ei legt. Auch kann man ein wenig Zwiebelschale, Krapp und/oder Walnußschale dazwischenstreuen.

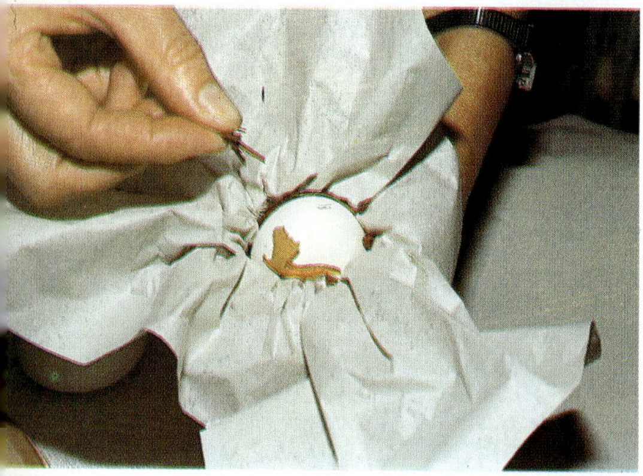

Erneut etwas Blauholz um das Ei streuen und mit der Hand nachfassen.

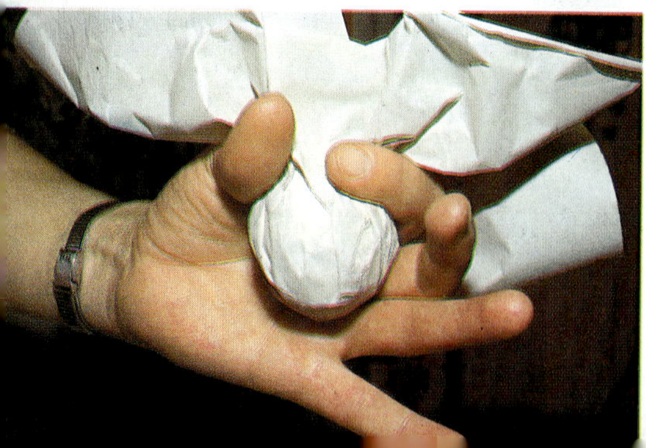

Das Papier wieder etwas höher anhalten und Blauholz beigeben. Mit der Zugabe von Blauholz sollte man sehr sparsam umgehen. Das Holz färbt sehr stark, und nimmt man etwas zu viel, wird die Marmorierung nicht so schön.

So fortfahren, bis das Ei eingepackt ist und sich von unten nach oben an der Schale etwas Blauholz befindet.

Zum Schluß das überstehende Papier ums Ei schlagen und mit einem feuchten Wollfaden umwickeln.

Das Ei nun im kleinen Gefäß in klarem Wasser garkochen, auspacken und evtl. mit etwas Öl oder Speckschwarte einreiben.

Blauholz ist nicht lichtecht. Nach einigen Tagen nimmt die dunkle Blaufärbung einen Braunton an. Seltsamerweise bleiben die hellblauen Flecke trotzdem erhalten. Die Marmorierung ist nach der Verfärbung aber nicht weniger schön.

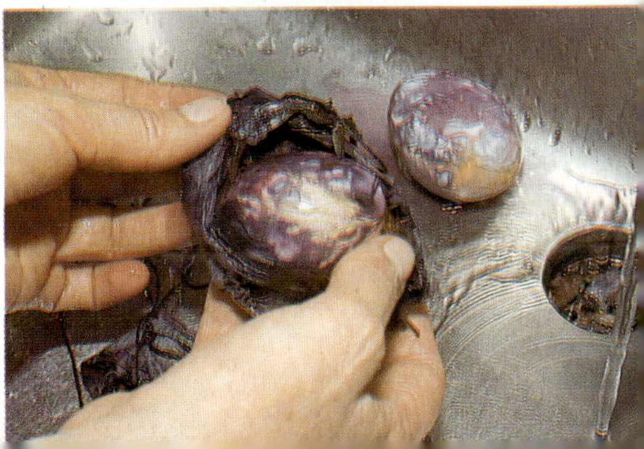

Oberschlesische Kratzeier

Österliches Brauchtum war auch in den ehemals deutschen Ostgebieten lebendig. In Oberschlesien reichte es vom schweigend geschöpften Osterwasser über den österlichen Speisenkorb bis zu schön verzierten Ostereiern. Diese waren in kräftigen Farben eingefärbt und durch Herauskratzen von Mustern verziert.

Reich bekratzte Eier wurden als österliche Gabe innerhalb der Familie und an Freunde verschenkt. Das schönste Ei war für den „Auserwählten" bestimmt, nachdem dieser sein Mädchen mit Wasser bespritzt hatte. Zur Schonung der festlichen Kleider wartete er mit diesem Brauch meist bis nach dem Kirchgang am Ostermontag.

Bekratzte Eier gehörten auch in den Speisekorb, der zur Feier der Auferstehungsliturgie in der Osternacht mit in die Kirche genommen wurde. Außer den Eiern lagen darin ein Osterschinken, Brot, Butter, Salz und Meerrettich. Zum Frühstück am Ostermorgen verzehrte man die geweihten Speisen gemeinsam.

Das Färben der Ostereier war stets mit dem Bereiten der vorösterlichen Soleier verbunden. Und so färben wir auch heute noch die Ostereier mit Zwiebelschalen, die ihnen das satte, warme Rotbraun geben. Damit zur Osterzeit genug davon da sind, steht schon ab Weihnachten die Sammeltüte für Zwiebelschalen in der Küche bereit.

Und das Kratzen?
Als Werkzeug dienen ein einfaches Küchenmesser und ein Wetzstein. – Die Muster sind vielfältig; allerdings ist das Hauptmotiv immer aus Blättern und Blüten gebildet, um das sich noch andere Ornamente ranken können. Sicher weist dies auf die erwachende Natur und auf das neue Leben hin, das im Osterfest verkündet wird.

Text und Foto: Elisabeth Hauck, Marburg

Drei Kratzeier, die in jüngster Zeit aus Oberschlesien zu uns kamen, zeigen, daß wenigstens dieser Osterbrauch in der deutschstämmigen Bevölkerung Oberschlesiens noch lebendig ist.

Es ist nicht schwer, diese Technik nachzuvollziehen. Am besten fangen Sie gleich damit an, den Zwiebel-Sud anzusetzen.

Je kräftiger die Färbung der Eier ist, desto kontrastreicher steht nachher das Motiv, das Sie herauskratzen.

Bemalte Eier von Eugenie Molenda, Frankfurt;
Grundfärbung: Spanischer Safran, Zwiebelschale, Blauholz.

Bauernmalerei von Astrid Henkel, Saßmannshausen;
Grundfärbung: Cochenille/Blauholz
▼

▲ Schmetterlinge und Käfer von Anita Meier, Marburg; Grundfärbung: Kamille, Blauholz

Kräutereier von Irmgard Bott, Betziesdorf; Grundfärbung: Färberkamille, Stockrose

Alle hier abgebildeten Eier: Irmgard Bott, Betziesdorf

Liste der Färbekräuter

Pflanze/ Tier	lateinische Bezeichnung	verwendete Teile	erzielte Färbung
Apfelbaum	Pirus malus	Blätter; Rinde	gelb; rötlich
Birke	Betula alba	Blätter; Rinde	gelb-grün; rötlich
Brasilholz, Rotholz	Caesalpina Brasilensis	Holzspäne	bräunlich-rosa
Brennessel	Urtica dioica	Kraut	gelb-grün
Campecheholz, Blauholz	Lignum Campechianum	Holzspäne	blaulila-braun
Cochenille	Coccus cacti	Schildlaus	rot
Efeu	Hedera helix	Blätter	grünlich
Eiche	Quercus	Rinde	braun
Färberdistel, Saflor	Carthamus tinctorius	Kraut	gelb, rot
Färberkamille	Anthemis tinctoria	Blüten	gelb
Kamille	Matricaria chamomilla	Blüten	gelb
Goldrute	Solidago virgaurea	Kraut, Blüte	gelb
Heide	Calluna vulgaris	Blüten, Kraut	bräunlich
Heidelbeere	Vaccinium myrtillus	Kraut; Beeren	gelb; graublau
Holunder	Sambucus nigra	Blätter; Beeren	gelb-grün; graublau, schwarz
Schw. Johannisbeere	Ribes nigrum	Beeren	rötlichgrau
Johanniskraut	Hypericum		
Krapp, Färberröte	Rubia tinctorum	Wurzel	rosa-rotbraun
Kreuzdorn	Rhamnus cathartica	Rinde, Beere	gelb-braunrosa
Kurkurma, Gelbwurz	Curcurma tinctoria	Wurzel	gelb
Labkraut	Galium	Wurzel	gelbrot-braun
Mate	Herva, Conchonga	Blätter	gelb, grün
Malve	Malva silvestris	Kraut	graublau
Eibisch	Althaea officinalis	Kraut	graublau
Baummalve	Lavatera arborea	Kraut	graublau
Rotholz	Caesalpina brasilensis		
Stockrose	Althaea var.	Kraut	graublau
Odermennig	Agrinonia	blühendes Kraut	rötlichgelb
Ochsenzunge	Anchusa tinctoria Allkanna	Kraut	rötlich, bräunlich
Schlehe, Schwarzdorn	Prunus spinosa	Früchte	blaßgrau
Schachtelhalm	Equisetum	Kraut	grüngelb
Waid	Isatis tinctoria	Küpenfarbstoff	blau
Walnuß	Juglans regia	Rinde, Blätter, grüne Fruchthüllen	braun
Wau, gelbe Reseda	Reseda luteola	Kraut	gelb
Wermut	Artemisia absinthium	Kraut	grünlich-gelb
Weinraute	Ruta graveolens	Kraut	grünlich-gelb
Ysop	Hyssopus officinalis	Kraut	grünlich-gelb
Zwiebel	Allium cepa	Schale	gelb-rotbraun

Der Maler des Wandbildes in der Südtiroler Dorfkirche St. Georgen in Taisten, Leonhard v. Brixen (1460–1530), hat die Verkündigungsszene ganz im österlichen Farbklang dargestellt. Das weiße Spruchband, die weiße Taube als gesammeltes Licht auf dem blauen Himmelsgrund sagen: Hier spricht Gott, sein Wort geht in den Menschen ein. Das macht der Maler kenntlich an dem weißen, stark zipfligen Mantel über Marias blauem Kleid und dem Eintauchen der weißen Taube, des Heilig-Geist-Symbols, in ihren Heiligenschein. Das Ziel der Heilsverkündigung, Gottes Liebe zur Erde zu bringen, wird durch die rote Innenseite des Madonnenmantels und die drei Ostereier in der weißen Schale deutlich gemacht: Zeichen der Fruchtbarkeit, gefaßt in die drei Grundfarben Blau, Rot, Grün, die zugleich die Dreieinigkeit symbolisieren. Die Hoffnung zum Leben durch Liebe steht anschaulich in der unteren Mitte des Bildes, in der roten und grünen Fassung der prophetischen Bücher.

Das ganze Bild ist aus den österlichen Farben Weiß, Gold, Rot, Blau und Grün komponiert, die auch im Brauchtum des Ostereierfärbens, des lebendigen Färbens mit Kräutern, bedeutungsvoll sind.

Foto: Isolde Lorenz, Staufen-Grunern

Grundfärbung links:
Waid-Malfarbe verdünnt

Grundfärbung rechts:
Holunderbeeren

Literaturnachweis

Irmgard Bott: Ostereiermalerei aus Mardorf und Erfurtshausen, Langewiesche 1979 (mit über 200 Eiersprüchen von Auguste Mann)

Ursula Kircher: Mit Pflanzen färben, Zeichnungen von Irmgard Bott (alles über das Färben von Wolle)

Bocksch/Bott/Zucchi: Das Öko-Kräuterbuch / Krüger-Verlag 1983

Irmgard Bott u. a.: Alte Kirche in Bellnhausen, Förderkreis Alte Kirchen e.V., Weidenhauser Straße 35, 3550 Marburg (Kirchgärten)

Chemie in Lebensmitteln, Katalyse-Umweltgruppe Köln, Zweitausendeins

Hans-Heinrich Vogt, Farben und ihre Geschichte, Kosmos-Bibliothek Band 280. Stuttgart 1973

Franz Irsigler, Die wirtschaftliche Stellung der Stadt Köln im 14.+15. Jh., Wiesbaden 1979

Emil Ernst Ploss, Ein Buch von alten Farben, Heinz Moos Verlag, München 1977

Adolf Portmann, Biologie und Geist, Herder-Bücherei 1963

Christine Busta, Die Scheune der Vögel, Otto Müller Verlag Salzburg 1958

Auflage: 15. 14. 13. 12. | Letzte Zahlen
Jahr: 1994 93 92 | maßgebend

ISBN 3-7724-0940-7 · Best.-Nr. 940 · © 1984

frech-verlag
GmbH + Co. Druck KG Stuttgart
Satz: Fotosatz Hauer, Stuttgart
Druck: Frech, Stuttgart

Texte, soweit nicht anders angegeben: Irmgard Bott, Else Henkel, Gerd Kanke, Anita Meier-Kanke, Gerda Mielke

Fotos, soweit nicht anders angegeben: Irmgard Bott, Else Henkel, Gerd Kanke, Anita Meier-Kanke, Gerd Mielke